TRISTAN BERNARD

Un Négociant de Besançon

COMÉDIE EN UN ACTE

PARIS
LIBRAIRIE THÉATRALE
30, RUE DE GRAMMONT, 30

1902

UN NÉGOCIANT DE BESANÇON

COMÉDIE EN UN ACTE

Représentée au théâtre des MATHURINS, le 25 février 1900
et au théâtre de la RENAISSANCE, le 24 décembre 1901.

DU MÊME AUTEUR

	Prix :
L'anglais tel qu'on le parle, comédie en un acte.	1 50
Le Cambrioleur, comédie en un acte.	1 »
Franches lippées, comédie en un acte.	1 50
Je vais m'en aller, comédie en un acte.	1 »
Une aimable lingère, comédie en un acte.	1 »
Le vrai courage, comédie en un acte.	1 »
Les pieds nikelés, comédie en un acte.	2 »
Allez Messieurs, comédie en un acte.	1 50

TRISTAN BERNARD

UN NÉGOCIANT DE BESANÇON

COMÉDIE EN UN ACTE

PARIS
LIBRAIRIE THÉATRALE
30, RUE DE GRAMMONT, 30

1902

PERSONNAGES

		Aux Mathurins.	A la Renaissance.
HUCHOT, 35 ans	MM.	BATRÉAU.	BAUDOUIN.
LE MILITAIRE, 22 ans . . .		AUDRAN.	BERTIN.
DOLORÈS, 45 ans	Mmes	BOSCHER.	BUSSY.
CONCEPCION, 35 ans		MÉRIANY.	JEANNE LION.
MADAME HUCHOT, 25 ans.		VARLEY.	PRAXINE.
LA BONNE.		DORVILLE.	DINARD.

UN

NÉGOCIANT DE BESANÇON

Petit salon très simplement meublé.

SCÈNE PREMIÈRE

DOLORÈS, CONCEPCION, LE MILITAIRE, puis LA BONNE.

Dolorès et Concepcion travaillent à des ouvrages de tapisserie. Il est deux heures de l'après-midi. On n'a pas encore enlevé les tasses de café.

DOLORÈS.

Alors, Alfred, puisque tu as la permission de minuit, tu peux revenir dîner ce soir. Tu n'as pas besoin d'être avant minuit à la caserne de la Pépinière.

LE MILITAIRE, timidement.

Bien, ma tante.

DOLORÈS.

Si ça t'ennuie, ne reviens pas.

LE MILITAIRE.

Ça ne m'ennuie pas, ma tante.

DOLORÈS.

Moi, je trouve qu'il vaut mieux que tu dînes ici que d'aller t'abîmer l'estomac dans de mauvais restaurants J'ai encore reçu hier une lettre de Bayonne, ta mère me recommande de bien te soigner. — Il faut que je lui écrive aujourd'hui. Je vais lui dire de venir quelque temps ici, aussitôt que mademoiselle Concepcion retournera en Espagne. (Un temps.) N'est-ce pas que c'est une gentille personne, cette demoiselle?... Oh! tu peux parler, elle ne comprend pas un mot de français.

LE MILITAIRE.

C'est une personne que tu as connue en Espagne ?

DOLORÈS.

Je l'ai connue à Badajoz, où j'ai habité vingt ans, quand ton pauvre oncle y était consul de France... (A Concepcion.) Mi sobrino pregunta si no nos anociamos.

CONCEPCION.

Es la señora Dolorès la que me ha dado mi primera nuñeca.

DOLORÈS.

A duel tiempa a hace.

CONCEPCION.

Oh ! si ! hace muelo tiempo.

LE MILITAIRE, à Dolorès.

Mais tu parles très bien, ma tante.

DOLORÈS, en français.

Tu sais que je donne maintenant des leçons d'espagnol?... Je ne te l'avais pas dit. Je n'ai pas grand'-chose pour vivre ici. Mes petites rentes sont bien faibles. Alors, je me suis dit : Donnons des leçons d'espagnol.

LE MILITAIRE.

Et tu as des élèves?...

DOLORÈS.

Non. Je donne des leçons, mais je n'ai pas d'élèves, j'ai pourtant fait mettre une annonce dans mon journal, où précisément j'avais vu des annonces de ce genre à la quatrième page. C'est ce qui m'a donné idée de me mettre à donner des leçons. Qu'est-ce que j'ai fait de ce journal ?... Tiens... voilà... « Mademoiselle Berthe, leçons d'anglais, 44, rue d'Edimbourg » — « Mademoiselle Albert et ses élèves, masseuse diplômée... » Non, ça c'est du massage... « Mademoiselle Alice, bibelots modernes, rue d'Athènes, 62... » Voici moi : « Madame Dolorès, leçons d'espagnol, 82, rue Lamartine... » J'ai fait mettre le nom de Dolorès, qui est un nom bien espagnol. Mon mari m'appelait ainsi quelquefois... Voilà huit jours que j'ai fait mettre l'annonce et je ne vois rien venir. C'est décourageant. Si seulement il venait un élève!... Mais rien, rien. Et j'en aurais grand besoin.

LE MILITAIRE, se levant.

Ma tante, je vais être forcé de te quitter.

DOLORÈS.

Alors, c'est entendu, tu viens dîner ?

LE MILITAIRE, embarrassé.

Je suis obligé de dîner avec mon double !

DOLORÈS.

Ton double ?

LE MILITAIRE.

Oui, mon sergent-major.

DOLORÈS.

Eh bien ! Tu dîneras avec lui une autre fois, j'ai fait préparer quelque chose de bon à dîner.

Entre la bonne.

LA BONNE.

Madame !

DOLORÈS.

Qu'est-ce que c'est ?

LA BONNE.

C'est un élève.

DOLORÈS.

Un élève ?

LA BONNE.

Oui, un monsieur qui voudrait prendre une leçon d'espagnol. Il m'a donné deux francs ! Il m'a dit : « Vous êtes la bonne. Voilà les quarante sous de la bonne ».

DOLORÈS.

Vite ! je vais aller mettre un autre bonnet. Viens par ici, Alfred, tu as encore le temps de t'en aller. (En espagnol, à l'Espagnole.) No puedo venir in quarto. (Au militaire.) Un élève, quelle chance !... (A la bonne.) Faites entrer ce monsieur ici.

Sortent Dolorès, Concepcion et le militaire. — La bonne fait signe à Huchot d'entrer.

SCÈNE II

HUCHOT, LA BONNE.

HUCHOT, à lui-même.

Ce qui me plaît dans ces petites boîtes-là, c'est qu'elles n'ont pas un aspect licencieux... Non, c'est calme, c'est honnête... (A la bonne.) Vous avez beaucoup de jolies personnes ?

LA BONNE.

Jolies personnes ?

HUCHOT.

Oui, votre maîtresse n'est pas toute seule à donner des leçons d'espagnol ?... Elle a encore des amies ?..

LA BONNE.

Elle a une amie espagnole, une demoiselle Concepcion, qu'ils l'appellent.

HUCHOT.

Ce n'est pas une vraie Espagnole ?

LA BONNE.

Si, monsieur.

HUCHOT.

C'est original.

LA BONNE.

Je vais prévenir ma maîtresse.

Elle sort.

SCÈNE III

HUCHOT, seul, puis LE MILITAIRE.

HUCHOT.

On va tâcher de s'amuser un peu... Ça m'est bien dû... Je suis négociant à Besançon, où j'ai une fabrique. Tous les cinq six mois, je viens passer sept huit jours à Paris avec ma femme... On va faire un petit tour dans les théâtres, pour voir un peu ce qui se joue de nouveau. On va dans les cafés-concerts. Seulement, il me semble qu'un voyage à Paris ne serait pas complet, si je ne rigolais pas un petit peu tout seul de mon côté... Nous sommes un clan à Besançon au café de Belfort, et l'on aime bien se raconter ce qu'on a fait à Paris... C'est bien compréhensible... Mais voilà, pour rigoler avec des femmes, quand on ne connaît pas Paris comme sa poche, c'est difficile... Je n'ai guère de relations ici qu'avec de vieilles parentes. C'est peut-être bien sûr pas elles qui vont m'indiquer les endroits!... Non, mon truc, c'est d'acheter le *Gil-Blas*, et de voir les annonces de la quatrième page. La dernière fois, j'ai été chez une maîtresse d'anglais, rue d'Edimbourg, la fois d'avant, j'avais été voir des objets d'arts rue d'Athènes. Ah ! vous savez, je me borne à boire du champagne, et à plaisanter un peu. Je suis prudent. Pour moi, un homme marié peut rigoler tant qu'il veut et la morale ne s'en offensera pas, s'il est prudent... (Le militaire trverse la pièce en saluant.) Tiens ! un militaire !... Hé bien, militaire, la maison est bonne?

LE MILITAIRE.

Oui, monsieur, ma tante va être à vous dans un instant.

HUCHOT, à lui-même.

Ah ! c'est la patronne qu'on appelle ma tante.

LE MILITAIRE.

Au revoir, monsieur.

HUCHOT.

Au revoir, militaire. Amusez-vous pendant que vous êtes jeune.

Sort le militaire.

SCÈNE IV

HUCHOT, seul, puis DOLORÈS, puis LA BONNE.

HUCHOT.

Il vient des militaires... La maison est plus connue que je ne supposais. Ça lui enlève un peu de son charme. (Entre Dolorès.) Ah ! voilà la patronne ! Elle a de l'âge, la patronne. Elle doit avoir une longue carrière derrière elle. Très respectable, d'ailleurs. Ça rachète un peu le militaire.

DOLORÈS.

Monsieur.

HUCHOT.

Bonjour, ma tante! (Il rit.) Vous voyez que je connais les habitudes... Ma tante, c'est bien ici qu'on apprend l'espagnol?

Il rit bruyamment.

DOLORÈS.

Oui, monsieur, en une vingtaine de leçons.

HUCHOT.

Vous voulez me coller des cachets?... Mais ça n'est possible. Je n'habite pas Paris. Et puis, je n'ai pas l'intention de prendre une leçon aujourd'hui. Non, je vais vous donner un louis. Et je me bornerai à boire un peu de champagne et à causer... Avez-vous du champagne?

DOLORÈS.

Non, monsieur.

HUCHOT.

Non? Eh bien, j'aime autant ça. Parce que ça n'est pas pour vous désobliger, ma bonne tante, mais le champagne qu'on trouve ordinairement chez les maîtresses d'espagnol, autant dire tout de suite qu'il n'est pas fameux. Tenez, voilà un louis, faites-moi chercher une bouteille de bonne marque... Et voilà un louis encore pour la maison.

DOLORÈS.

Je veux bien vous faire chercher du champagne;

mais il faut me le dire en espagnol, pour vous exercer. Dites-moi en espagnol : Beberia in poco di Champaga. Je boirais bien du champagne... C'est comme ça que ça se dit en espagnol.

HUCHOT.

Je m'en fous... Je vous le dis en français : Faites-moi chercher du champagne.

DOLORÈS, entre ses dents.

Ce n'est pas le moyen d'apprendre... Voilà un élève qui n'est pas commode ! (Appelant.) Félicie ! (A elle-même.) Quel curieux personnage ! Enfin on ne choisit pas ses élèves. Celui-là au moins n'a pas l'air regardant pour la question pécuniaire. (A la bonne.) Félicie, voilà vingt francs, allez ici à côté chez le marchand de vins fins. Vous rapporterez une bouteille de champagne de la meilleure marque.

La bonne sort.

HUCHOT, après un temps.

Hé bien ?

DOLORÈS.

Que désirez-vous ?

HUCHOT.

Est-ce qu'elles vont venir ?

DOLORÈS.

Qui ça ?

HUCHOT.

Vos petites amies. Vous supposez bien que je ne vais pas passer la journée en tête-à-tête avec vous ?.. Est-ce qu'il y a du monde qui les retient ? Faites-moi donc venir cette fameuse Espagnole dont on m'a parlé.

DOLORÈS.

Vous tenez à la voir?

HUCHOT.

Comment? Si je tiens à la voir?

DOLORÈS.

Vous savez qu'elle ne sait pas un mot de français.

HUCHOT.

C'est original.

DOLORÈS.

Je vais l'appeler... Concepcion! No pue de venir un pokito par iki.

SCÈNE V

HUCHOT, DOLORÈS, CONCEPCION.

HUCHOT, *regardant Concepcion.*

J'aime autant une Française. (*A Dolorès.*) Dites donc ma tante, elle ne m'emballe pas, votre Espagnole! Voulez-vous me faire venir une autre amie. Je ne tiens pas à ce qu'elle soit Espagnole.

DOLORÈS.

Il n'y a personne d'autre ici. Je vous dirai que je suis établie ici depuis peu de temps... Je n'ai pas encore beaucoup d'élèves.

HUCHOT, lassé.

Eh bien, laissez-moi avec cette Espagnole... Et faites apporter le champagne.

DOLORÈS.

Vous savez que vous aurez beaucoup de difficultés pour apprendre l'espagnol avec elle seule. Elle ne sait pas un mot de français.

HUCHOT.

On arrive tout de même à se comprendre. Mais je vous répète que je n'ai pas l'intention d'apprendre l'espagnol. S'il faut tout vous dire... je suis marié.

DOLORÈS, ahurie.

Ah !

HUCHOT.

Laissez-nous, ma tante.

Dolorès sort.

SCÈNE VI

HUCHOT, CONCEPCION.

Ils sont assis chacun sur un fauteuil, assez loin l'un de l'autre.

HUCHOT. (Pendant ce monologue il sourit assez fréquemment à l'Espagnole.) Après un temps et après avoir considéré l'Espagnole.

Allons ! l'aventure a tout de même son charme et quand je leur raconterai au café de Belfort que j'ai pris le champagne avec une vraie Espagnole, ils seront suffisamment épatés... Je ne suis pas forcé de leur dire son âge exact... Il n'y a pas d'erreur, c'est une vraie Espagnole. Elle n'a pas le brillant des Espagnols de contrebande... Elle est plus de son pays. Il faudrait peut-être la voir dans son décor, avec le soleil bleu, les castagnettes. Ici, il est certain que ça perd un peu... Et puis, ces femmes-là ont peut-être un charme que, nous autres Français, nous ne comprenons pas. Il faut y mettre un peu du sien. (Il regarde Concepcion.) Elle n'est peut-être pas aussi âgée qu'elle le paraît. Je ne sais plus où j'ai lu que certaines Espagnoles paraissaient souvent plus que leur âge... Je ne dis pas ça pour elle ; car elle est loin d'être flétrie, si elle n'est plus absolument dans sa fleur... Il faut se forcer un peu. Il est bien possible qu'en l'embrassant, ça ne me fasse pas un très grand plaisir sur le moment. Mais plus tard, en y pensant, je ne serai pas fâché de cette aventure-là, à la réflexion... Si ç'a avait été une femme plus jeune, malgré mes belles résolutions de prudence, j'aurais peut-être fait des bêtises.. ça vaut mieux comme ça !... Il faut tout de même que je lui dise quelque chose d'aimable... Je voudrais lui dire, par exemple, de venir s'asseoir sur mes genoux... Mais elle ne comprend pas le français.. Un signe... (Il tape sur ses genoux. Concepcion le regarde avec étonnement, puis se tape aussi, un peu ahurie, sur les genoux.) Venez... elle ne comprend rien du tout ! Pelotar.... Pelotar.

L'ESPAGNOLE, d'un air un peu égaré.

Plotar... Plotar...

HUCHOT.

Elle m'intimide cette femme-là... Oui, oui... j'aime mieux décidément les Françaises. (On frappe.) On frappe maintenant! Voilà qu'on nous dérange! Cela allait si bien! (Entre la bonne avec le champagne.) Ah! voilà le champagne!... Tant mieux! C'est toujours ça... Posez le champagne là-dessus, la bonne! Y a-t-il longtemps qu'elle est ici, ce chameau-là?

LA BONNE, ahurie.

Ce chameau?... C'est une dame qui est ici depuis huit jours. Elle arrive de son pays.

HUCHOT.

C'est ça... Hé bien, franchement, vous direz à madame qu'elle ferait mieux d'avoir des Françaises. Pour une personne que ça amusera et à qui ça semblera original, il y en a des tas comme moi qui préféreraient rire et boire avec une bonne fille... Et puis, qui est-ce qui a l'idée de s'habiller comme ça? Est-ce qu'elle ne pourrait pas se décolleter un peu? Il y a des peignoirs bleu ciel ou rose, qui sont tout à fait charmants. Il n'y a pas moyen de lui dire les choses les plus simples. Vous savez l'espagnol?

LA BONNE.

Non. Mais notre dame le sait. Je vais y dire de venir.

HUCHOT.

Non, non... pas la vieille. Laissez la vieille où elle est... Attendez! Je n'ai qu'une phrase à lui demander. Je vais l'écrire sur un papier. (Il écrit.) Bébé, viens t'asseoir sur mes genoux. Qu'elle me mette la traduction en espagnol!

Sort la bonne.

HUCHOT, se versant du champagne.

Il y a une cousine de ma mère que je ne peux pas

souffrir et qui ressemble tout à fait à cette Espagnole. Allons! je vais boire du champagne. (Il verse un verre et le porte à l'Espagnole.) Allons! siffle-moi ça! (L'Espagnole refuse du geste.) Comment? Pas de champagne? C'est complet.

Rentre la bonne.

LA BONNE.

Voilà ce que madame envoie à monsieur.

HUCHOT.

Ah! (Lisant.) Bébé, viens t'asseoir sur mes genoux: Muchachita ven y sienta te sobra mys rodillas. (Il lit cette dernière phrase à mi-voix, s'asseoit sur un fauteuil. — Haut, à l'Espagnole.) Muchachita ven y sienta te sobra mys rodillas. (L'Espagnole se lève irritée et s'en va.) Qu'est-ce que la vieille m'a fait lui dire? pour qu'elle s'épate comme ça?... Heu! Ma foi, tant pis! Je vais boire du champagne! (Il se verse un autre verre.) J'ai déjà dépensé cinquante francs. J'avais l'intention d'en dépenser cent. Tant que je n'aurai pas dépensé mes cinq louis, il me semblera que je n'ai pas rigolé. Et puis j'aurai mal aux cheveux, c'est toujours ça.

SCÈNE VII

HUCHOT, LE MILITAIRE, entrant.

HUCHOT, apercevant le militaire.

Ah! voilà le militaire! Il arrive un peu tard pour le champagne, le militaire!

LE MILITAIRE.

Bonjour, monsieur ! Est-ce que ma tante est par là ?

HUCHOT.

Elle est par là.

LE MILITAIRE.

Elle est de bonne humeur ?

HUCHOT.

Pourquoi ça ?

LE MILITAIRE.

Figurez-vous que je lui avais promis de dîner ce soir avec elle. Elle y tient énormément.

HUCHOT.

Elle est bien vieille pour vous.

LE MILITAIRE.

Oui, oui, je ne vous dissimule pas que j'aimerais mieux aller m'amuser avec ma petite amie. Ça n'est pas gai ici, mais elle m'aime énormément.

HUCHOT.

Ah! Voyez-vous cette vieille-là, elle nous aime énormément.

LE MILITAIRE.

Et puis, je la soigne un peu... parce qu'elle me donne la pièce de temps en temps.

HUCHOT, que le dégoût commence à gagner.

Ah ! Elle vous donne la pièce ?

LE MILITAIRE.

Ç'a n'a rien de désagréable de toucher de temps en temps un petit louis de dix francs.

HUCHOT, s'animant.

Mais, c'est dégoûtant ce que vous me racontez là, mon ami. Un militaire en uniforme.

LE MILITAIRE, interloqué.

Je ne vois pas le mal qu'il y a à ça.

HUCHOT, très animé.

C'est précisément ce qui m'afflige que vous ne voyiez pas le mal qu'il y a à ça... C'est de l'inconscience... Ah ! vous vous êtes figuré que parce que j'ai bu un peu de champagne, vous alliez pouvoir me raconter vos turpitudes! Vous vous figuriez que j'allais me montrer moins rigoureux. Hé bien, monsieur, au contraire... Je ne raisonne jamais aussi justement sur le point d'honneur que lorsque j'ai bu un coup de trop... Ah! vous me dégoûtez bien... J'ai mal à la tête... j'ai besoin de prendre l'air. (Il va à la fenêtre.) Ah ! voilà un balcon !

SCÈNE VIII

LE MILITAIRE, DOLORÈS.

LE MILITAIRE, seul.

Quel drôle de type ! Qu'est-ce que c'est que ce type-là ?

DOLORÈS.

C'est mon élève... Il est un peu singulier. Mais je suis contente d'avoir fait sa connaissance... C'est une nature généreuse... Je suis ennuyée seulement qu'il ait vexé Concepcion. Il lui a dit une phrase que je lui ai traduite comme exercice d'espagnol et qui voulait dire : « Venez vous asseoir sur mes genoux, mon bébé. » Concepcion a cru que ça s'adressait à elle... J'ai eu beau lui expliquer... elle est furieuse... Alors, pour m'en tirer, j'ai fini par lui expliquer que c'était une formule de politesse française, et que le fait d'aller s'asseoir sur les genoux d'un monsieur était un usage très bien porté... Où est-il donc, ce monsieur?

LE MILITAIRE.

Il est sur le balcon. Il a mal à la tête. Il a bu tout le champagne.

DOLORÈS.

Encore une manie à lui... je commence à le connaître. C'est un homme qui veut boire du champagne en apprenant l'espagnol.

LE MILITAIRE.

Ma tante, j'avais quelque chose à te dire... je ne peux décidément pas dîner ce soir.

DOLORÈS.

Ah ! petit ingrat, tu vas t'amuser !.. Tiens, je vais être gentille pour toi. Voilà les vingt francs que ce monsieur m'a donnés. Mais je ne te donnerai rien d'ici la fin du mois. Je vais parler à Concepcion.

Elle sort.

LE MILITAIRE, seul.

Chic ! Chic ! Et ce fourneau qui prétend que c'est mal de recevoir de l'argent de sa tante !... Je vais encore le faire fumer. (Il va au balcon.) Hé bien, vous voyez, elle m'a fait cadeau des vingt francs que vous lui avez donnés !... (Au public.) Il dit que mon cynisme le dégoûte !...

SCÈNE IX

MADAME HUCHOT, LA BONNE.

MADAME HUCHOT.

Voulez-vous dire à M. Huchot que quelqu'un le demande... (D'un ton péremptoire.) Je sais qu'il est ici!..

LA BONNE.

M. Huchot?..

MADAME HUCHOT.

Oui, un monsieur de trente à quarante ans, avec une moustache blonde...

LA BONNE.

Il était là tout à l'heure. Je vais voir par ici.

Elle sort.

MADAME HUCHOT, seule.

Qu'est-ce que ça veut dire? Mon mari est fabricant à Besançon... Nous sommes venus comme tous les ans passer quelques jours à Paris... Voilà qu'aujourd'hui, après déjeuner, je remarque que mon mari a les joues rouges, et le front aussi, jusqu'à la raie du chapeau. Quand il a ainsi le front rouge jusqu'à la raie de chapeau, il se lève généralement de table pour aller faire une sieste. Il me dit : « Viens! » Alors, je viens! Cette fois, il ne m'a rien dit. Il s'est parfumé la figure avec de l'eau pour les cheveux, et il a mis ses bottines vernies. Où allait-il? Me trompait-il? Non, ce n'était pas possible! Il était peut-être malade... j'ai pris un fiacre derrière son fiacre... et je l'ai suivi jusqu'ici... Je l'attendais depuis une demi-heure devant la porte, quand, sans qu'il me voie, je l'ai vu apparaître au balcon. Il avait son gilet ouvert et son front était rouge... bien plus haut que la raie du chapeau. J'étais assez tranquillisée d'une part, parce que je me disais que sa rougeur n'avait pas disparu. Puis, j'ai pensé qu'elle avait peut-être disparu une fois et qu'elle revenait... mais ça m'étonnerait.

LA BONNE, rentrant.

Je ne trouve pas ce monsieur. A moins qu'il ne soye sur le balcon... (s'approchant du balcon.) Monsieur, voilà une jeune dame pour vous.

HUCHOT.

Une jeune dame!... Enfin! il n'est que temps... C'est une française?

LA BONNE.

Oui, monsieur.

HUCHOT.

Bon!.. Filez. Laissez-moi seul avec elle!

Sort la bonne.

SCÈNE X

HUCHOT, MADAME HUCHOT.

HUCHOT, sur le fauteuil.

Bébé, viens t'asseoir sur mes genoux! (Madame Huchot se retourne.) Tiens ! toi ! c'est toi ! Tu vas bien ?.. (Après réflexion.) Qu'est-ce que tu fais dans cette maison ?..

MADAME HUCHOT.

Armand, pardonne-moi... J'ai eu un doute affreux... Je t'ai suivi... Chez qui sommes-nous ?

HUCHOT.

Chez une personne très bien, avec qui je suis en affaires pour une affaire importante.

MADAME HUCHOT.

Ça ne te gêne pas que je sois venue ?..

HUCHOT.

Non. Faut t'en aller.

MADAME HUCHOT.

Pourquoi ?

HUCHOT.

Parce que c'est une personne très bien, mais qui a une mauvaise réputation. Ta place n'est pas ici. Partons. J'ai à faire un achat important à Vaugirard.

Entre Dolorès.

SCÈNE XI

HUCHOT, MADAME HUCHOT, DOLORÈS.

DOLORÈS.

Madame vient pour une leçon d'espagnol ?

HUCHOT, bas à Dolorès.

Taisez-vous! Vous ne savez pas à qui vous parlez. C'est ma femme. Une honnête femme, chaste et pure... (A madame Huchot.) Partons!

MADAME HUCHOT.

Madame parle de leçons d'espagnol?..

HUCHOT.

Oui! (A part.) Une idée! (Haut.) Madame est une maîtresse d'espagnol. (Il donne cent sous à Dolorès, bas.) Dites comme moi... (Haut, à madame Huchot.) Je voulais te faire une surprise .. un voyage en Espagne. Alors, j'apprenais l'espagnol en cachette. (A Dolorès.) Dites comme moi. (Haut.) Madame donne donc des leçons d'espagnol...

DOLORÈS.

Oui, madame, j'ai longtemps habité l'Espagne et je suis venue m'établir ici pour donner des leçons.

HUCHOT, à part, après avoir regardé Dolorès.

Pour cent sous, on leur fait dire tout ce qu'on veut, à ces femmes-là!

DOLORÈS.

Mon mari a été vingt ans consul en Espagne.

HUCHOT, à Dolorès, bas.

Non, il y en a assez. Pas d'histoires. Vous allez tout gâter. (A madame Huchot.) Ta curiosité est satisfaite, maintenant?

MADAME HUCHOT.

Mon chéri, tu es bien gentil d'avoir pensé à cette surprise. Mais, dis donc, pourquoi est-ce que tu ne me ferais pas apprendre l'espagnol, à moi aussi ?... Ecoute, puisque tu as à faire cet après-midi, je vais profiter de ce que je suis ici pour prendre une leçon d'espagnol avec madame.

Huchot va pour parler quand Dolorès l'interrompt.

DOLORÈS.

Mais oui, madame a une excellente idée. Elle est charmante, madame. Si elle veut rester ici et revenir de temps en temps l'après-midi, je suis sûre que ce sera une élève parfaite et qui me fera honneur.

HUCHOT, bas à Dolorès.

Vous, je vais faire fermer votre boîte ! Je vous ai dit que madame était ma femme. Au revoir, madame, au revoir ! Viens, Henriette.

MADAME HUCHOT.

Moi, je veux rester ici, prendre une leçon.

HUCHOT, tombe accablé sur le fauteuil.

Nous n'en sortirons jamais.

SCÈNE XII

LES MÊMES, CONCEPCION.

Entre Concepcion.

CONCEPCION, à Huchot.

Hagame el favor, senor, pues no conozès las costumbiès de Francia.

Elle s'assooit sur ses genoux, Huchot la repousse.

MADAME HUCHOT.

Qu'est-ce que ça veut dire ?

HUCHOT.

Est-ce que je sais, moi ! C'est peut-être un usage espagnol. Dans tous les cas, c'est des bien vilaines manières ! Qu'est-ce que c'est que cette maison ? Oh oh ! viens, Henriette, viens ma femme, notre place n'est pas ici !

Dolorès et Concepcion parlent en espagnol pendant que le rideau tombe.

Rideau.

Imprimerie Générale de Châtillon-sur-Seine. — A. Pichat.

A LA MÊME LIBRAIRIE

COMÉDIES FACILES A JOUER EN SOCIÉTÉ

	Hommes	Femmes	Prix.
ADÉLAIDE ET VERMOUTH, comédie.	1	1	1 50
A LA PORTE, comédie	2	1	1 50
ANICROCHE, charade.	3	2	1 »
APPARTEMENTS A LOUER	2	3	1 50
AVANT LE BAL, comédie	»	2	1 »
AZOR, comédie bouffe	3	2	1 50
BAROMÈTRE (Le), comédie	2	3	1 50
BISBIS DE MÉNAGE, comédie	1	2	1 »
BONNET DE COTON (Le), comédie	1	2	1 50
CHER MAITRE, comédie.	2	5	1 »
CHEZ LES MARTIN, comédie.	1	1	1 »
CHRYSALIDE (La), comédie..	2	2	1 50
CINQUIÈME A GAUCHE, comédie	2	1	1 »
CORRESPONDANCE (La), comédie	4	2	1 »
DAME DE PIQUE (La)	1	2	1 »
DAME QUI PREND LA MOUCHE (Une), comédie.	1	2	1 50
DÉCLARATION (La), comédie	1	1	1 »
DENT ET UN CHAPEAU (Une), comédie	3	2	1 50
DOUBLE MÉPRISE, comédie	»	2	1 »
DROLE DE VISITE (Une), comédie	3	2	1 »
ESPERANCES (Les), comédie.	1	1	1 »
FIVE O'CLOCK, comédie en vers libres. . . .	1	1	1 »
HUIT JOURS DE MENAGE, comédie	1	1	1 »
INTRIGUE AU BAL (Une), saynète en vers. .	»	2	1 »
LYCÉENNE (La), saynète	1	1	1 »
MADAME ET MONSIEUR, comédie	1	1	1 50
MADEMOISELLE EST SORTIE, comédie.	1	2	1 50
MALDONNE, comédie	3	1	1 »
MARI D'HORTENSE (Le), comédie	3	2	1 50
MARIAGE D'INCLINATION, comédie.	»	2	1 »
OBSTACLE (L'), fantaisie dialoguée	1	1	1 »
PASSION (Une), comédie	1	1	1 »
PERRUQUE (La), comédie.	1	2	1 50
POSTE RESTANTE, comédie.	1	1	1 »
PREMIER NUAGE (Le), comédie	2	3	1 »
PROJETS DE MA TANTE (Les), comédie. . . .	1	3	1 50
QUAND LA RETRAITE A SONNÉ, comédie . . .	2	1	1 50
REFUGE (Le), saynète	1	1	1 »
RÉSERVISTE, comédie.	1	1	1 »
RÊVES DE MARGUERITE (Les), comédie . . .	1	1	1 50
RIVAL POUR RIRE, comédie.	2	1	1 50
ROMAN D'UN NOTAIRE (Le), comédie	1	1	1 »
SONATE EN MI (La), comédie	3	2	1 50
SOUS-PREFET (Le), comédie.	3	3	1 50
TANTE HÉLÈNE, comédie	2	1	1 50
TÉLÉMAQUE, tragédie burlesque.	2	2	1 50
TRAIN N° 12 (Le), comédie	1	1	1 »
TRICORNOT (Tableau villageois)	4	2	1 50
VIEILLES GENS (Les), comédie	4	1	1 50
VOUÉ AU BLANC.	1	4	1 »
X, comédie	3	3	1 50

Imprimerie Générale de Châtillon-s-Seine. — A. Pichat.

www.ingramcontent.com/pod-product-compliance
Lightning Source LLC
LaVergne TN
LVHW052021160826
845678LV00003B/1143

* 9 7 8 2 3 2 9 6 5 8 6 4 3 *